JN410124

새 벽이 온다

새 벽이 온다

김숙려 제5시집

계간문예

| 책 머리에 |

『새 벽이 온다』 제 5집을 엮으며

살다보니
알 수 없어서
할 수 없어서 그냥
조용히 살다 가면 될 것을

주절주절 떠들고 싶은 건
작은 돌 하나 올려놓고 싶은
마음이라서요

무수히 다가오는 벽 앞에서
넘으려는 의지 하나
늘 다짐하고

민낯과 부끄러운 손
감추지 못하며
겁 없이 세상을 향해 나섭니다

어여삐 살펴 주시기를.

2018년 10월
渼株 金淑麗

■ 차례

1부

2부

3부

4부

5부

제1부

인생 맛

삶은 무슨 맛인가
단맛이 감춘 쓴맛
쓴맛이 감춘 단맛
다만 일어설 용기의 맛은.

술 먹고 욕먹고

술을 먹고
세상이 콩알만 하다

욕을 먹고
세상이 쑥떡만 하다

여기저기 콩당 콩당
쑥떡 쑥떡.

양파는 결백하다

더 이상 감춘 것 없다
감출 것 없다
항변하는 양파의 눈물.

파도

닿을 곳 없다

울부짖는다

절벽.

포터

히말리아 산을 오르는 포터
늦둥이 아들을 중학교에 보내기 위해
무거운 짐을 진 어머니
아픈 다리 이끌고 밤낮을 잊으며
산을 오른다
고통과 통증이 없는 세상이 천국

행복 속에서 행복의 크기는 보이지 않는다.

불 맛

고구마, 옥수수, 밤은
아슬아슬 타는 불 맛
타기 직전
전선에서 구출해야 한다
탄 맛을 살짝 곁들인 몸값
재료가 가진 본연의 맛
찾는다

남의 고통 즐기는 야릇한 심사?
혀가 상전인 내 몸의 횡포
와~ 입맛 당긴다.

바퀴

바퀴는 구르고 싶다
인생은 달리고 싶다

늘 바쁘고 불안한 바퀴
허덕인다

달리기의 끝
파라다이스를 꿈꾼다

멀어지고 잊혀지기 위해
멈추지 않는 바퀴.

어쩌면 넌

밀어낼수록 그만큼의 거리로
너는 다가온다

나는 너를 외면한다
이율배반二律背反

끝내 떠나지 않는 넌
전생의 나인가?

착상着想

더듬이 촉수가 사냥에 나선다
귀 세우고
동공에 초점 맞춘다
사물 포착
시선이 꽂힐까
플러스, 마이너스가 만나 듯
우연이 필연처럼
영감靈感이 와 준다면
예견치 못한 인연
한달음에 달려갈 텐데
일필휘지一筆揮之
일필휘지一筆揮之여.

행복 티켓

뉴스를 말씀 드리겠습니다
행복 티켓 발매가 시작되었습니다
세부사항
최소한 의식주에 필요한
금품, 물품 소지한 자,
그런 사람에게만 해당됩니다

기부하려는 사람들이 너무 많사오니
번호표를 받아 가시기 바랍니다
부동산을 처분할 기간을 드리겠습니다
이미 전화 문의로 인해 창구가 마비 상태
서두르지 않으셔도 됩니다

온 세상에 범죄는 사라지고
아직도 기부가 줄을 잇고 있다는 후문
행복 티켓 발매처는
낙원이라고 주소를 변경하였습니다
오늘의 뉴스를 마칩니다.

굴비야 안녕

접시에 누운 보리굴비

"할머니 얘 몇 살이야?"

"아참, 물어보지 못했구나
이담엔 꼭 물어볼게"

부적符籍

아버지는 늘 머리맡을 바라보신다
만족한 얼굴로 꽃무늬 벽지 사이
당신 손으로 오려 붙인 누렇게 바랜 신문기사
틈틈이 돋보기를 찾으신다
기사는 대한일보 독자란에 투고한
큰 딸의 기사다
새 벽지를 바를 때마다
신주神呪처럼 옮겨붙이신다
여섯 자녀의 앞길을 축원하는 부적符籍처럼

아버지는 곧잘 여섯 자녀의 특징을 들추신다
넌 오지랖
넌 약방감초
넌 깍쟁이
넌 번개돌이
넌 딱지대장
넌 곰돌이, 등등

지금쯤 다 잊고 계실까?

겨울이면 아버지의 환한 미소가
눈꽃송이 되어 하늘하늘
우리 곁을 찾는다.

할머니의 성性

창밖을 내다보는 손녀
남자 한 명, 여자 한 명
그리고 할머니가 간다

할머니도 여잔데
아니야 할머니야
그럼 할아버지는
할아버지는 남자야

제 3의 성性을 사는
할머니 나무
잎도
꽃도 잃은
무너진 성터
이끼가 전부인 성을 산다.

너

부르지 마
찾지 마

네 환영幻影에
발목 잡힐라.

제2부

파도가 손뼉을 친다

파도가 보내는 박수
리드미컬
파도가 살아있음으로
나의 행복이 살아있다
박수 소리가 고맙다.

나이가 나인가

나이가 벌써?
이 나이가 나라고?

플러스 밖에 모르는 나이의 수학
세상은 플러스, 마이너스의 조화
철없는 셈법은 외골수의 정점

이쯤에서 쉬어가자
페이지가 너무 많아
지금은 빼기가 예쁜 때
지구를 거꾸로 돌릴까

반딧불 희망에 심지 돋울 때
마이너스 나이 통장을 꿈꾼다
숨찬 나이는 쉬게 하라
헉 이게 나인가
나이 인가.

난 여자를 버린다

울컥
삼킨다

꿀꺽
돌아선다

난
엄
마
다!

몽골에서

국제적 명칭은 Mongolia
한반도의 7·1배의 나라
울란바타르 중심지에
'서울의 거리' 가 있는
인구 3백만 명 중 절반이 수도에 사는
한국 교포가 2천 명
사람보다 동물이 많은 나라
산등성이 햇구름 피어 그림자놀이 선명하고
자원과 자연이 잘 보존된 나라

자동차가 초원을 달린다
불쑥 소와 말, 염소와 양이 나타나면
자동차는 느림보 걸음으로 기다려준다
양은 풀을 뜯고 염소는 뿌리까지
한 식구로 사이좋은 가족
오직 풀을 뜯는 일로 시간을 저축하는 삶
가축들의 그림이 여여하다
순박한 사람들과 순한 가축들이
일가를 이루고 공존한다

광활한 초원을 달리다가
여자는 꽃 따러 가고(앉아서 소변)
남자는 말 보러 간다(서서 말을 보며)
간혹 곰도 잡아야 한다며(큰 볼일)

사막과 샤머니즘이
고대도시 사원 등의 역사
각종 고기와 전통주 전통차 맛보기, 승마
프랑스 고고학 팀이 발굴한
박물관을 견학한다
건조한 기후가 유물을 잘 보존해
미이라도 만나고 볼 것이 많다

아시아에서 유럽까지 유라시아를 누빈
징기스칸의 위용과 업적이
말과 곰, 광활한 초원에
석양처럼 물들어 있다.

새 벽이 온다

새로운 벽이 온다
무수히 다가서는 벽
삶과 동행하는 벽이다

존재의 벽이 아닌
새롭고 늘 신선한 경험
싸우며 감당할 과제다

풀지 못한 숙제들
솟아오르는 햇살이
온누리 가득 채우는 정성으로

벽도 눕히면 다리가 된다
마음의 다리가 눈앞에
의지로 넘지 못할 벽은 없다

새로운 벽
새 벽이 있어
오늘도 달리고 내일도 달린다.

대답

기다린다
묻지도 않는 대답
묻지도 않을 대답을
답 없음이 답

망설이고 있나
쌍방 과실죄.

제2 라운드

내 인생에도 가을바람이 분다
인생 화물열차는 달린다
떡갈나무 언덕이 성숙의 두렁 멈추면
녹색 두 볼은 사색 아이콘에 잠긴다
물소리가 창백해질 때
우린 생각나는 사람이 많다

살아온 길 낮은 자세로 숨 고른다
자신에게 주는 상벌
칭찬은 낯을 가려 숨고 후회의 벽이 앞을 가로막는다
매번 놓친 순간포착들
"그땐 왜?"
좁은 두뇌에 근육질 자랑 한바탕
떨궈야 산다
짐을 진 집시들 레테의 강으로 보낸다

신은 버튼 하나 쥐어준다
제 2 라운드 허락
행복 매뉴얼 또 한 번 힘내자고

"친구야 너도?"
뇌 속 저장고 말끔히 털고
가을 팻말 새 메뉴얼

명시名詩가 아니면 어떤가
종이호랑이라도 날려보자.

화장, 2

주근깨에 주검 없애고
검버섯에 검은 티 없애고
저승꽃에 저승을 지우는 몸짓이다.

나잇값

"할머니 몇 살이야?
엄마 나이와 내 나이 합친 것 보다 많네"
"헉, 그런가?"
기어드는 모기 소리

"그건 말이야
번개가 훅 지나가더라"

나이의 무게를 생각한다.

여자이고 싶다

칼라에 보색補色 맞추고
거울에게 조심스레 묻는다
나의 여자는 어디 갔나?
시선들은 정물을 보듯 비켜간다

유행의 물결에 올라
어울리는 풍경이 되고 싶다
조명 탓, 분위기 탓
네 탓, 내 탓

대숲 스치는 바람에 잠을 청하다
벌떡 일어나 거울에게 묻는다
이마에 눈가에 거미줄 또 몇 개
어디서 무얼 타고 왔나

원색 옷은 명도가 상승
고상 우아는 인연 없다고
꿈의 날개에 쌓인 이끼의 더께
차마 일어설 수 없다

거울에게 묻는다
오가는 길 어디쯤 여자를 놓고 왔나
낯선 풍경을 본다
너무 빨리 도는 지구가 밉상!

국수 사발의 조화

비 오는 날
뜨거운 국수가 장국에 담긴다
친구네 가족은 단란한 울타리
평범한 아들로 가족 곁을 지키는 일상

책상밖에 모르는 아들이
연이어 시험에 실패하자
야망의 좀벌레가
싸이렌 소리 몰고 와
하늘은 먹장구름
구름이 땅에 닿는다
어미의 폐부는 송곳에 찔려
부정하고 싶은 절망의 터널

비가 내리는 날
밥줄은 포도청
뜨거운 국수 사발 마주한 어미
먹어도 먹어도

끝내 줄지 않는 국숫발

그릇의 조화는

둘도 되고 셋도 되는 뜨거운 눈물.

11월

외로워 마주보고 선다
외로워 기대어 선다
계절은 스스로 오고
자연은 망설임이 없다

깊숙이 감춘 의지
한 손으로 기도할 수 없어
한 손으로 안을 수 없어
독버섯처럼 자라던 사랑도 문을 닫는다
현실의 물결 차갑고

두 겹의 위로
11월은 마주 서서 두 손을 잡는다.

추석

명절맞이 고향길이 술렁인다

뾰족 구두 네일아트가 반짝
무대 화장 정장패션 큰 며늘님
고개 살짝 숙이고 대신 묵직한 봉투 내민다
위력은 본 태생이 빳빳한 걸

앞치마 앞장세워 이웃 마실가듯
양손이 모자란 꾸러미 둘째 며늘님
밤새워 깐 알토란 도라지 뽀얀 속살
차례상 진상품은 귀한 자리 다툰다

금일봉과 정성 누가 더 기울까
똑같이 여리고 예쁜 손가락들
고향 마당에 뜬 둥근 부모님 얼굴
멀어지는 자식들 등에 기원 담아 보낸다.

새날의 약속

해는 환하게 웃으라고
여지껏
슬퍼본 적 없는 사람처럼

사는 동안 답답한 날 구겨진 날 잊고
간직할 것과 버릴 것
비워야 채울 수 있다고

햇살은 스스로 돕는 사람을
해는 말없이 다정을 건네며
싱싱한 미소 기약한다고

모두 네게 주겠노라고
믿어야 산다
믿어야 아름답다.

제3부

내 삶에 누가 있나

내 등은 내 손을 허락하지 않는다
내 몸이 내 것인가
내 것은 무엇인가

정은 거두면 그만
옷은 유행이 지나면 그만
네 맘도 오락가락
내 맘도 갈듯 말듯
내 삶이 내 것인가
무엇이 내 것인가

모자가 바람에 날리고
굴렁쇠가 지나간 지금
모난 그림자 가다듬는다
허공에 매달린 허물
허 허 웃다가 돌아선다

내 삶에 내가 없다
어디서 만날까 나를.

일방통행

바람 편에 안부 전한다
잘 있다고
사랑한다고
끝나지 않는 외길
진행형

벙어리
장님이 된 답장
마련 중인가 아직도.

병마病魔

파고든다
얼마나 힘들면 죽을까?
어느 시인은 고통이 끼니라 말한다

그래도
목숨 이어 간다
세상에 진 빚이 너무 많은 까닭

끈질기게
칼끝이 덤빈다
삶이 주는 마지막 선심善心인가.

갱년기

어디서 불어오는 바람인가
바람은 때로 소용돌이 감지한다
열기에 감전된 홍조의 바다
끼어들기 편승한 우울이 안개 가득 타
화장술 분장술 거울이 애쓰지만

추수 끝낸 들녘은 회복 불능 그루터기
돌산에 까마귀 앉아 운다
바닥난 저수지
맨바닥 까칠한 입술아
나날이 줄 이은 모래 길에
외로운 낙타 등이 간다.

마침표

칠십일 세
설장구 강사가 세상을 떠났다
무대 위 그녀는 화려했다

혼자 살며 항상 밝게 웃던 미소가
친척의 방문에 답이 없었다
경찰 입회한 후 개방
(병명은 우울증, 약간의 치매)
죽은 지 일주일이 지난 후라고 추정
자기 집을 가지고도 관리비에 늘 쪼들리며 살았다니
남편 자식 돌보는 이도 없이
오빠나 조카 구청직원도 오지 않았다고

수습은 명료하다
시신은 어디론가 옮겨지고
짐은 승강기 타고
길바닥에 팽개쳐진 그녀의 삶
한 생애가
단 몇 줄, 단 몇 날로…

이름만 기억에 내어 맡긴다.

기억 오뚝이

어머니는 때때로 잊었다
어머니의 사랑마저
품안에 품고 사는 오뚝이
때때로 멈춘 생각에 뒤뚱거리는 오뚝이

지나온 길 아득하다
자식 이름, 숫자 놀이
달아나는 기억회로와 술래잡기한다

언제든 훌쩍 떠나고 싶다고
떠나기 싫은 내색일랑 살짝 감추고

허나 오뚝이 사랑
아직은 진행형
누구의 잘못인가, 신의 장난인가
온통 오뚝이가 되고 싶은 어머니.

유모차乳母車

유모차 나란히 5일장 간다
한껏 욕심낸 할머니의 매무새
손과 발이 된 짐차 앞세우고

새 차 장만했네
큰아들이 보냈어

잘 구르는 덕담 건네며
붐비는 장터
상인들 반긴다

들길 되짚어오는 넉넉한 발걸음
손주 선물 담고 번지는 미소
함박꽃 계급장이 수줍게 빛난다.

요양원

잘난 이 못난 이 굽이굽이 흘러든다
색과 무늬가 똑 같은 무명 옷 한 벌
추억 속에 깊숙이 몸을 묻는다

잊을 수 없는 것들의 잊기 학습
호명을 기다리는 체념의 시험대다
들불 앞에 선 호롱불 잔영

별을 예비한 정류장
회색빛 고요가 짙은 구름 안고
맨 얼굴의 침묵 태엽을 돌린다

째깍째깍 벽시계 누구라 피할까
끊임없이 이는 이랑 사이 엎드려
저무는 노을 속 발걸음 엿듣고 있다.

11월의 장미

혼신을 다한 집착의 열꽃
포개어 싸인 애증
비움의 때
뜨거움 사룬다

마지막 머큐럼 바른 채
내 몰아 쉬는 숨결
늙은 계절을 앓고 있다
계절은 아픔을 외면한다.

방안이 섬이다

구정이 지날 즈음
집성촌 본가 마을을 방문했다
구십 안주인들이 혼자 산다
차례로 방문을 여는데
예전처럼 반기지만 윤기 잃은 목소리

작은어머니와 당숙모는 그림이 똑 같다
이불 속에 야윈 몸 묻고
겹겹이 감싼 무게, 칙칙한 가구와 조명
질긴 목숨 원망하다가 가끔
감사한 마음도 내비친다

햇귀는 마당 한가득
방안은 섬이다
해가 뜬들 해가 진들
날이 가고 새날이 오가도
별 의미가 없다
간결한 의식주 외엔
명줄이 촛불 앞에 파르라니

날마다 모래 산이
한 주먹씩 떠내려간다
익숙한 것들이 왜 이방인이 되는가?
하루가 그늘에 갇힌다
벽이 와서 가둔다.

참 어린 시절

내가 기댄 건
사람이 아닌 무지개였다.

단풍丹楓

시간을 지운다
장엄한 다비식茶毘式
오직 불타지 않는 정情
가슴에 재운다.

멍게 자존심

멍게처럼 생겼다 얕보지 마라
동해항 먹거리 찾아
광어회, 오징어회, 눈앞에 펄펄 뛰는 고등어
문득 한 상 붉은 유혹 멍게회가 눈에 띈다
젓가락의 안내 따라 멍게 입부분의 쫄깃한 맛을 보겠다고
멍게의 마지막 보루인 입을 먹겠다고
발려지지 않는 단단한 살 발리기에 돌입하다
무딘 손칼로 수없이 파내도 요지부동
그러다 내 손가락을 찔렀다
피를 부르진 않았지만 아픔은 상처다
미각에 취해
멍게의 자존심을 먼저 건드린 건 나였다

주말마다 빨간 공휴일마다 늘어진 안일
눈과 귀의 나태에도 종양이 자란다
흠결 많은 추억도 상처
나이테 더할수록 공허의 파고가 높고
휘청거리는 그림자

금이 간 무늬 짓이겨 새살 덧붙인 상처투성이
난 꼭 멍게 너를 닮았다
이런 나를 멍게 넌 눈살 찌푸리며
얕보지 마.

기린선인장의 변절變節

베란다에 웬 이변인가
문득 선인장에 생긴 혹
괴이한 문양의 돌연변이
가시로 무장한 기린선인장
봄부터 연이어 꽃망울 피우더니

연녹색 꽃잎이 출현
남몰래 다른 종種을 흠모했을까
식물의 돌연변이는 귀한 호재

휘둥그레, 점을 친다
행인가, 불행인가
암시인가
회전목마 탄 생각이
베란다를 떠나지 못한다.

제4부

우울증

허리가 꼬부라진 할머니
밭으로 들로
그렇게 사는 줄 알았다
소원은
하늘 한 번 쳐다보기

우울증이 뭐여?

징검다리

징검다리 기억은 투명하다
해는 금실 은실 풀어
냇물이 찰랑이게 한다

징검다리 허리 감추는 교태
끈질긴 구애에 투정 잊고
밤낮으로 주고받는 교감交感
때로 낮은 울음
때로 높은 가락
냇물은 사랑의 시를 읊는다

성공 가도街道 향해 도시로
돌이가 성큼 건너간 길
가난이 싫어 기차 탄 순이
징검이 아니면
돌이와 순이는 행복했을까?

누굴 또 얼마나 기다려야 하나
보고픔이 삭아지고

기다림이 무너진다
미끈한 콘크리트가 대신 나서고
침묵은 고독을 학습한다.

허수아비

사람 닮은 허수아비
허수아비 닮은 사람

허수아비는 매양 웃고
사람은 한나절 웃다가 운다

안타까운 미련
누가 더 행복한가.

입 없는 사람

서울메트로
눈동자가 세상을 누빈다
눈은 붙박이
입은 악세사리
묵비권 환자가 된다

부딪치면 눈 힐끔
입은 불문율
로봇이 그린 슬픈 그림
여기 저기 부릅뜬 눈
눈을 닮은 눈.

손가락 인사

띵동~
문자가 하늘을 난다
마음 읽는 손가락
이모티콘 깜짝 유머는 덤이다
엄지족 인사법

문자가 하늘을 점령해도
우편사고는 접수되지 않는다

네 마음 있는 곳 찾아
내 마음이 간다.

분수를 지키다

초침은 분침을 부러워하지 않고
분침은 시침을 시기하지 않는다

달이 뜨면 해가 지고
해가 뜨면 달이 숨는다

지구는 제 길을 간다
여울처럼 노을처럼

뚜벅뚜벅
따라 걷는다.

부부싸움

오래 전 얘기
이웃 할아버지와 할머닌 그날도
동네를 몇 바퀴째 돌고 있다
할머니는 가끔 돌아보며 영감님에게 욕을 하고
잰걸음을 섞어 속도를 조율
할아버지는 씩~씩~ 뒤따라간다
잡히기만 하면 때릴 기세
그러나 한 번도 매 맞은 일은 없는 듯 살아간다
그들의 대화 중 적군은 중신애비다
중매를 잘못 선 큰 죄
그가 늘 비난의 대상이다
조용한 마을에 큰 소리가 나면
두 분의 술래잡기가 시작되었다는 암시

그러나 이 집에 적이 나타나면
어김없이 한 편
한겨울 추위는 두 사람을
한편으로 꽁꽁 묶는다

위풍이 센 방안에 자리끼가 얼면
언제 싸웠느냐는 듯
이불귀를 서로 끌어당겨
다독이며 덮어 준다

달은 그렇게 이울고 차기를 반복
구름은 늘 먼 곳으로 흐르고
마을 풍경은 그랬다.

백지白紙

온 것은 모두 돌아간다
간 것은 돌아오지 않는다

환각幻覺인 양 또렷한
지나간 것들

널 지켜줄 거라고
다시 만날 사람처럼

미완未完을 백지白紙로
하늘 귀에 접는다.

골목은 궁금하다

가로등이 골목을 지킨다
그녀 집 앞은 늘 안개 속
가로등이 꿈을 꾸듯 졸고
골목은 그 모습 담은 채

전봇대와 전봇대 사이 몇 걸음인지
무거운 전선을 이고 벌 선다
지친 리어카는 언제 쯤 지나나
길냥이 눈빛이 머무는 곳
혹여 놓칠까
밀감 빛 창문이 웃는다
골목은 그날이
감은 눈 속 깊이 잠들어 있다.

옛집, 1

옛집은 사람 숨소리가 그립다
무거운 기왓장 이고 외로이
이십년 째 벌서고 서 있는 기둥

수십 년 전 본가를 방문했던
그때처럼 낯설고 정답다
휑한 적막만이 주인인 양 반길 뿐

꼭 지켜주기 바라시던 옛 어른들
호령소리가 들리는 듯
아픔으로 와 닿고
추억과 바램은 발효되어 화석의 무늬가 된다

제 몸 사루며 버티다
힘에 겨운 문설주와 회벽
무거움이 가라앉은 무언의 항변인가

지팡이 짚고 절뚝거리는 미련이
머지않아

자연으로 돌아가겠노라
서까래가 무릎 꿇는 그날
누워 쉴 날 언제인가.

옛집, 2

한 발 삐걱
덜컹 돌아본다
지나간 그림자
퇴적과 잔영
검버섯 상처 무성하다
다정이 숨을 거두고
몸부림 멈추어
빈집
잡을 손이 없다.

푸대접

밥이 자리를 잃다
무한변신 즐기는 패스트 푸드
지구촌 광고 목소리 드높고
플라스틱 접시가 춤춘다
유행 물결 바톤 이어진
간단 간편한 분위기가 대세

행복의 척도인 양
할머니가 모시던 이밥
눈부시게 흰쌀을 씻는 안색

하루 노동 팔아서
하루치 봉지쌀을 구하던 시절

길 잃고 냉대 받는 쌀
쌀쌀한 눈살에 미끄러진다.

사리

담낭에 자리 잡은 담석
난 사리라 부른다
초음파가 밝힌 음모
언제부터였을까?
잘못 살아온 내게
누가 내린 형벌인가?
죄목은 뭘까

봉숭아는 까만 사리로
훗날을 약속한다지만

별 탈 없이 운명을 같이 한다면
세상 하직 후 얻을 나의 진주?
(비록 쓸모없는 이력의 흔적)

나의 생은 사리(?)를 키운다.

호미

호미 닮은 콩꽃 입술
분홍, 보라 스크랩 해주는 하늘
콩꽃은 보이는 것마다 쪽쪽 빤다

콩콩 뜀박질하는 벌, 나비
어느 틈에 씨알 품은 콩꼬투리
긴 염랑주머니 꽁꽁 채운다

콩깍지 까는 엄마 손끝 날래고
밥상 아이들은 콩알만 골라낸다
여지없이 눈총 쏘아대는 엄마

콩깍지 여물고 싶은 한여름 밤
엄마 손 닮은 초승달 호미
엄마의 기도가 밤하늘을 지킨다.

제5부

봄까치꽃

까치가 떴다
봄까치꽃
일명 큰개불알꽃
꽃의 알처럼 탱탱하게 번성하는
당차고 여린 꽃잎

많다는 뜻의 큰과
꽃잎 네 장이 짝을 이룬다
봄의 신 새벽 2월부터

앙증맞은 하늘빛 네 얼굴에
재를 뿌리나
험한 이름 붙여
오래 살다
오래 가자고
봄 까치야
봄아.

바람난 여인

얼레지 꽃
보랏빛 치마 활짝 들친 모습
4월 초순, 해발 600미터
외로운 군락에 파티복
바람난 여인(꽃말)이 돌아온다
뭇 남성 수런수런 귓속말

잎은 얼룩얼룩
얼레리 꼴레리 신조어 만들고
땅속 5년 동면冬眠한 씨앗
완숙한 여인 되어

산야의 가슴
와, 화들짝 봄이다.

뜨락에 서서

꽃은
어쩌라고
어쩌자고
꽃을 피우고 있는가

보는 이
알아주는 이
그 누구도 없는데.

봄아

본다 본다, 봄
올려본다, 내려본다
고개 돌려도 본다
그 중
너를 봄이
최고의 봄.

달, 1

달은 비우고 채운다
많은 사건들
못 본 것처럼
못 들은 것처럼
기쁘고 가볍게 산다

달은 무게 비우고
기쁨 담기 위해
말을 아낀다

짙은 슬픔이
옅은 외로움이
그래서
달은 고향에 가지 못한다.

봄맞이

따스한 기운이 응달 꽁무니
풀무질 한다
불쏘시개에 붙은 봄바람
소문 물고 이어달리기
얼음장 달래며 쓰다듬는 시냇물
꽃내음 찾아 가만가만
햇볕은 토담집 담장에 몸을 푼다
봄비가 대지에 주름과
묵은 걱정 달랜다

간지럼 참지 못하는 새싹들 수런수런
굳이 홑잎나물 아니어도
주루룩 한 주먹 훑어
소매 걷고 햇 된장 햇 고추장
감칠 맛 버무리면…

혹여 귀가 먼 새 오는 길 놓칠새라
동구 밖 굽어보는 가지 위
목청 좋은 새들
봄을 불러 모은다.

포플러

오월 하늘에
포플러 물결 일면
초록물고기
떼 지어 하늘로 오른다.

삽화挿畵

하늘 호수는 스스로 풍성하다
구름밭에 노는 동물농장
식솔 느는 재미 솔솔

푸른 잎새 부채질에
뱀딸기 오돌오돌 익고
산비둘기 꾹꾸욱 꾹 꾹
숲속은 단꿈을 헤맨다

텃밭에 호박 가지 옥수수
속살 채우기 내기 중
심판 보던 감꽃 웃음 터트리다
맨바닥에 뎅그렁
아~ 이를 어째?

달과 귀뚜리

숲속 정적 시샘하여
한밤에 주고받는 성찬盛饌
귀뚜리는 달에게
달은 귀뚜리에게
밤은 더 이상 외롭지 않다고

이별이 시나브로
귀뚜리의 독백은
떠나리라, 떠나리라
다 잊고
멀어진다.

개망초

아파서 꽃이다
아파서 사람이다
불멸을 갈고 닦는
망초로 사는 비루한 생
몸 비벼대며 쑥덕거린다

개 자字 마저 붙이고
망초가 개망초
망초가 왕초
절망이 구르는 돌 기슭
황무지에 버려진 고아

생명의 긴 끈
지구 밖에 던져도 우뚝 설
절망을 꽃으로 피우는
망초 닮은 사람들.

가을 그 후

거울 뒤
아무도 없다
채 마르지 않은 가벼움
그 날이 진다
바람이 분다.

나란히 누워

어디서 왔는가, 낙엽들
이름표 떼고 이력서 떼고
나란히 눕는다

꿈 떼고 앞날 떼고 나란히
하나인 마음이 따스하다
위로가 폭삭하다.

국화는 피고

찬 서리 이불 덮는 늦가을
마당 끝에 활짝 웃는 하얀 소국小菊
꽃 심은 동서同壻 떠나고
환한 웃음 여운이 지킨다
아직은 잊지 말라고
그래, 그래

동서의 명복冥福 길
접힌 갈피 환히 펴기를
해마다 늦가을 어스름 즈음
마당귀에 치맛자락 끄는 소리
사르륵 누가 다녀갔나
꽃 더미 속 살핀다.

가을 오늘

간다고 가을, 온다고 오늘인가
오라고 한 적 없고
가라고 보챈 적 없는데
어이 왔다가
어이 가는가

꽃피우던 마음
식지 않는 도톰한 입술
산과 들 펼쳐놓고
뒤돌아본다
찬바람 창문을 흔든다

가을이 간다
오늘이 온다.

작품해설

세상의 벽을 넘는
현묘한 에스프리와 시어의 마술

| 작품해설 |

세상의 벽을 넘는 현묘한 에스프리와 시어의 마술

— 김숙려의 시집 《새 벽이 온다》론

민 용 태

(스페인 왕립 한림원 위원 · 고려대 명예교수)

김숙려 시인의 시집을 읽고 있으면, "세상은 하나의 책에 들어가기 위해 존재한다."는 말라르메의 말이 떠오른다. 마치 "우리말은 김숙려의 시집에 들어가기 위해 존재한다."는 것 같은 느낌이 오기 때문이다. 우선 "새 벽이 온다"는 시집 제목부터 말라르메의 시어처럼 마법에 싸여 있다. 이것은 물론 동터 오르는 "새벽"이라는 착상에서 출발한다. 그러나 다시 보면 그것은 또다시 타고 넘어야 할 "새로운 벽"으로 보인다. 이 정도면 마법이 아니다. 이 말은 더 나아가서 "새처럼 날아서 넘어야 할" 벽으로 탈바꿈한다. 시인은 말한다.

새로운 벽이 온다
무수히 다가서는 벽
삶과 동행하는 벽이다

존재의 벽이 아닌
새롭고 늘 신선한 경험
싸우며 감당할 과제다

풀지 못한 숙제들
솟아오르는 햇살이
온누리 가득 채우는 정성으로

벽도 눕히면 다리가 된다
마음의 다리가 눈앞에
의지로 넘지 못할 벽은 없다

새로운 벽
새 벽이 있어
오늘도 달리고 내일도 달린다.

"벽도 눕히면 다리가 된다"는 말은 금언처럼 새겨야 할 절구이다. 소녀에게 신부로, 신부에서 엄마로, 엄마에서 할머니로. 이제 모셔야할 할머니도 가셨으니 온 집안 대기둥으로 살아야

한다. 한 고비 한 고비 넘어갈 때마다 늘 넘지 못할 막막한 벽이 있음을 안다. 그 때마다 "억지로 넘지 못할 벽은 없다"고 스스로를 다그치며 여기까지 왔다. "솟아오르는 햇살"이 있지 않느냐고 새처럼 새벽을 날자고 다짐하며.

그러나 그 때마다 어찌 아픔과 눈물이 없었겠는가? 그래서 그녀는 "양파"처럼 당당하고 용감해진다. "더 이상 감춘 것 없다/감출 것 없다/항변하는 양파의 눈물." 울며불며 어머니로 할머니로 열심히 싸우며 살다 보니 막상 이렇게 살아온 내가 없다. 역할과 의무와 명칭만 있고 살아 숨 쉬는 나와 한 여자로서의 나의 성性이 없다.

창밖을 내다보는 손녀
남자 한 명, 여자 한 명
그리고 할머니가 간다

할머니도 여잔데
아니야 할머니야
그럼 할아버지는
할아버지는 남자야

제 3의 성性을 사는
할머니 나무
잎도
꽃도 잃은

무너진 성터
이끼가 전부인 성을 산다.

"할머니 나무"는 "제3의 성"을 산단다. "나무"라는 시어로 할머니의 생명성을 생각케 한다. 그런데 "잎도/꽃도" 없는 나무. 그것은 이미 생기를 잃은 "무너진 성터". 거기 살아있는 거라고는 "이끼가 전부"란다. 성기인지 성터인지의 이런 음흉한 이미지가 이토록 진솔하고 신선할 수 있을까?

이것이 김숙려 시어의 박력이고 마력이다. 나이 들어감의 실존적 고뇌와 부조리를 말하는 이 시어의 깊이와 성실성이 어떤 부정한 생각도 용납하지 않는다. 거기에 비록 무너졌지만, 성스러운 "성터", 아름다운 사랑과 가정과 세대가 일어섰던 위대한 "성"의 터전… 그 "성"이 벽돌로 쌓은 것이든 쾌락으로 쌓은 것이든 한때 찬란했던 유적임에는 부정할 나위가 없다.

사실 무너진 것은 나의 아름다움과 젊음만이 아니다. 나이가 들어갈수록 "나"가 사라져간다.

내 등은 내 손을 허락하지 않는다
내 몸이 내 것인가
내 것은 무엇인가

정은 거두면 그만
옷은 유행이 지나면 그만

네 맘도 오락가락
내 맘도 갈듯 말듯
내 삶이 내 것인가
무엇이 내 것인가

모자가 바람에 날리고
굴렁쇠가 지나간 지금
모난 그림자 가다듬는다
허공에 매달린 허물
허 허 웃다가 돌아서네

내 삶에 내가 없다
어디서 만날까 나를.

한때는 모든 사람이 주목과 존경을 받던 아름다운 자리에 내 몸이 서 있었다. 그런데 언제부터인가 내 몸에 나의 인식과 손이 닿지 않는 "등"이 있음을 별견한다. 늦게서야 내 예쁜 몸과 내 삶이 내 것이 아니었음을 안다. "모자가 바람에 날리고/굴렁쇠가 지나간 지금/모난 그림자 가다듬는다/허공에 매달린 허물". 이것이 이 시의 절구이다!

그러나 여자는 "여자"를 결코 포기하지 않는다. 거기에 김숙려 시인의 자존심과 소녀스러운 예쁜 앙탈이 있다. "너무 빨리 도는 지구가 밉상!"이라는 나이든 소녀의 뾰루퉁한 입술을 보라.

칼라에 보색補色 맞추고
거울에게 조심스레 묻는다
나의 여자는 어디 갔나?
시선들은 정물을 보듯 비켜간다

유행의 물결에 올라
어울리는 풍경이 되고 싶다
조명 탓, 분위기 탓
네 탓, 내 탓

대숲 스치는 바람에 잠을 청하다
벌떡 일어나 거울에게 묻는다
이마에 눈가에 거미줄 또 몇 개
어디서 무얼 타고 왔나

원색 옷은 명도가 상승
고상 우아는 인연 없다고
꿈의 날개에 쌓인 세월의 더께
차마 일어설 수 없다

거울에게 묻는다
오가는 길 어디쯤 여자를 놓고 왔나
낯선 풍경을 본다
너무 빨리 도는 지구가 밉상!

이 얼마나 재미있는 표현인가? "이마에 눈가에 거미줄 또 몇 개/어디서 무얼 타고 왔나" 김 시인의 유머 섞인 투정에는 주름 늘어가는 얼굴에 대한 슬픔 대신 웃음이 묻어난다. "오가는 길 어디쯤 여자를 놓고 왔나"도 아픔 대신 아이러니한 씁쓸함이 서린다.

그래서 김 숙려 시인은 열심히 화장을 한단다.

주근깨에 주검 없애고
검버섯에 검은 티 없애고
저승꽃에 저승을 지우는 몸짓이다.

이렇게 김 시인의 화장은 형이상학적이다. 흔히 말놀이라고 점잖은(?) 우리 사회에서 얕잡아보는 이런 시법은 사실 엄청나게 전위적이고 포스트 모던하다. 이렇게 "주검"과 "검은 티"와 "저승"을 없애고 나면 화장한 내 얼굴에 뭐가 남는가? "깨"와 "버섯"과 "꽃", 즉 화장이 아니 자연이 남는다. 사실 늙어지는 것은 자연스러운 현상인 것을.

사람들은 이렇게 죽음의 그림자로 비하한다. 따라서 김 시인의 화장은 우리가 보통 생각하는 것과는 반대로 인공적 어둠을 지우고 오히려 죽은 들판을 되살리는 자연보호 활동이다.

여자의 기울어지는 슬픈 고비는 문득 "갱년기"부터 시작한다.

어디서 불어오는 바람인가
바람은 때로 소용돌이 감지한다
열기에 감전된 홍조의 바다
끼어들기 편승한 우울이 안개 가득타
화장술 분장술 거울이 애쓰지만

추수 끝낸 들녘은 회복 불능 그루터기
돌산에 까마귀 앉아 운다
바닥난 저수지
맨바닥 까칠한 입술아
나날이 줄 이은 모래 길에
외로운 낙타 등이 간다.

이 시는 김숙려 시인의 시법의 마술과 이미지 비약의 기술을 최대로 보여주는 작품이다. 환유적 기법으로 거울보고 자주 화장하는 것을, "화장술 분장술 거울이 애쓰지만"이라고 한다. 보다가 안타깝다 못해 바로 "거울"이 나서서 분장을 한단다. 그러나 나이 때문에 고치기 불가능한 처지를, "추수 끝낸 들녘은 회복 불능 그루터기"라고 말한다. 그 까칠한 들판 "돌산에 까마귀 앉아 운다"니, 이토록 슬프고 한심한 꼴이 있으랴.

나이 들어 재미없고 팍팍한 길은 사막 같다. 하루하루가 단조롭고 건조한 그 날이 그 날이다. 이것을 표현한 것은 절구 중의 절구다. "나날이 줄 이은 모래 길에/외로운 낙타 등이 간다." 그

럴 때는 밖에 있으나 안에 있으나 외롭기는 마찬가지이다. 늘 아무도 없는 "방안은 섬"이 된다.

햇귀는 마당 가득한데
방안은 섬이다
해가 뜬들 해가 진들
날이 가고 새날이 오가도
별 의미가 없다
간결한 의식주 외엔
명줄이 촛불 앞에 파르라니

날마다 모래 산이
한 주먹씩 떠내려간다
익숙한 것들이 왜 이방인이 되는가?
하루가 그늘에 갇힌다
벽이 와서 가둔다.

이 마지막 연은 김숙려 시인의 시적 표현력의 마술을 유감없이 발휘한다. 늘 외롭고 쓸쓸한 사막 같은 나날들. 이것이 일상이다. 일상이어서 익숙한 것들이 그 때마다 또 이토록 낯설고 막막하든가? 가만히 있어도 저녁이 오고, 또 "하루가 그늘에 갇힌다". 해적처럼 섬에 갇혀가는 형상. 이것을 "벽이 와서 가둔다."고 표현한다.

그렇다. 젊은 시절은 다시 돌아오지 않는다. 주름과 구름만 늘어갈 뿐.

온 것은 모두 돌아간다
간 것은 돌아오지 않는다

환각幻覺인 양 또렷한
지나간 것들

널 지켜줄 거라고
다시 만날 사람처럼

미완未完을 백지白紙로
하늘 귀에 접는다.

빈 하늘에 달이 떠 있는 날이 많다. 갑자기 달이 말이 없어진다. 하루가 더 간다고 그 슬픔, 그 고독이 풀리는 것은 아니다.

달은 비우고 채운다
많은 사건들
못 본 것처럼
못 들은 것처럼
기쁘고 가볍게 산다

달은 무게 비우고
기쁨 담기 위해
말을 아낀다

짙은 슬픔이
옅은 외로움이
그래서
달은 고향에 가지 못한다.

가끔 나와 똑같은 고독과 자식에 대한 사랑을 사셨을 아버지 생각이 난다. 부모가 되어보아야 부모 마음을 안다고, 우리들 키우며 하나하나 예쁜 별명을 지어주시던 자상함이 떠오른다. 그러나 돌아가신 분을 그리워하면 할수록 "하늘"에 계신 아버지에 대한 하얀 그리움만 "하늘하늘" 거리며 더욱 안타깝게 쌓여갈 뿐.

아버지는 늘 머리맡을 바라보신다
만족한 얼굴로 꽃무늬 벽지 사이
당신 손으로 오려 붙인 누렇게 바랜 신문기사
틈틈이 돋보기를 찾으신다
기사는 대한일보 독자란에 투고한
큰 딸의 기사다
새 벽지를 바를 때마다

신주神呪처럼 옮겨붙이신다
여섯 자녀의 앞길을 축원하는 부적符籍처럼

아버지는 곧잘 여섯 자녀의 특징을 들추신다
넌 오지랖
넌 약방감초
넌 깍쟁이
넌 번개돌이
넌 딱지대장
넌 곰돌이, 등등

지금쯤 다 잊고 계실까?
겨울이면 아버지의 환한 미소가
눈꽃송이 되어 하늘하늘
우리 곁을 찾는다.

이것이 김숙려 시인의 다섯 번째 시집이다. 시마다 더욱 다듬어진 말없음표가 감탄사로 폭발한다. 시어와 에스프리가 낙엽과 눈송이 따라 더욱 영글어감을 느낀다. 더욱 영근 영상의 마법과 비상! 요즘 감동이 필요한 우리 시단에 참 좋은 청량제 같은 시집이다. 좋은 시들 진심으로 축하한다.

계간문예시인선 135

김숙려 제5시집 _ 새 벽이 온다

초판 인쇄 2018년 10월 20일
초판 발행 2018년 10월 25일

지 은 이 김숙려
회 장 서정환
발 행 인 정종명
편집주간 차윤옥

펴낸곳 도서출판 **계간문예**
편집부 03132 서울 종로구 삼일대로 30길 21 종로오피스텔 1209호
주소 03132 서울 종로구 삼일대로 32길 36 운현신화타워 305호
전화 02-3675-5633, 070-8806-4052 팩스 02-766-4052
인쇄 54991 전북 전주시 완산구 공북1길 16, 신아출판사
이메일 munin5633@naver.com
등록 2005년 3월 9일 제300-2005-34호
ISBN 978-89-6554-188-2 04810
ISBN 978-89-6554-118-9 (세트)

값 10,000원

잘못 만들어진 책은 바꾸어 드립니다.

이 책은 (재)용인문화재단이 후원하는 2018년 시민예술활동지원사업의 일환으로 제작되었습니다.

이 도서의 국립중앙도서관 출판예정도서목록(CIP)은 서지정보유통지원시스템 홈페이지(http://seoji.nl.go.kr)와 국가자료공동목록시스템(http://www.nl.go.kr/kolisnet)에서 이용하실 수 있습니다. (CIP제어번호: CIP2018033598)